Impressum
Verlag: BABADADA GmbH, Nedderfeld 112 , 22529 Hamburg
Geschäftsführer / Verlagsleitung: Harald Hof
Druck: Books on Demand GmbH, In de Tarpen 42, 22848 Norderstedt

Imprint
Publisher: BABADADA GmbH, Nedderfeld 112 , 22529 Hamburg, Germany
Managing Director / Publishing direction: Harald Hof
Print: Books on Demand GmbH, In de Tarpen 42, 22848 Norderstedt, Germany

la escuela

ysgol

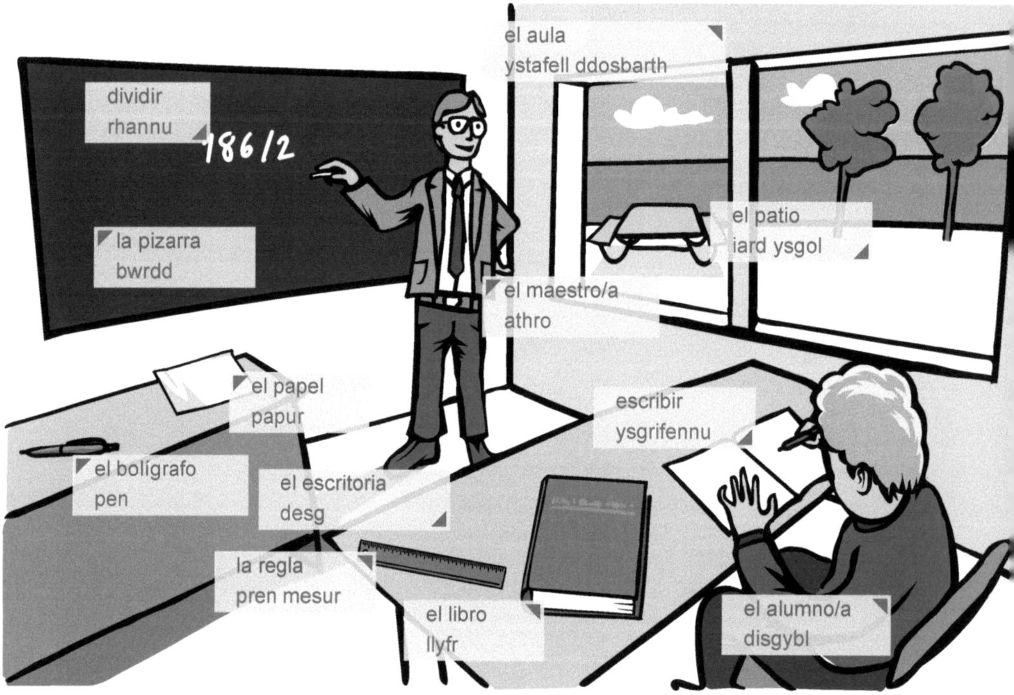
el aula
ystafell ddosbarth
dividir
rhannu
186/2
la pizarra
bwrdd
el patio
iard ysgol
el maestro/a
athro
el papel
papur
escribir
ysgrifennu
el bolígrafo
pen
el escritoria
desg
la regla
pren mesur
el libro
llyfr
el alumno/a
disgybl

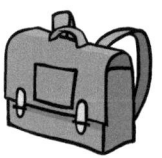

la cartera
bag ysgol

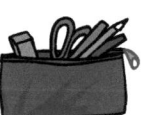

la caja de lápices
blwch penseli

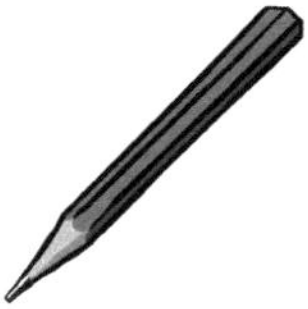

el lápiz
pensil

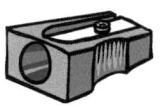

el sacapuntas
peth rhoi min ar bensil

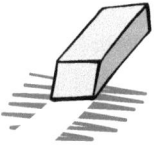

la goma de borrar
rwber

el cuaderno de dibujo
pad arlunio

el dibujo

llun

el pincel

brws paent

la caja de pinturas

blwch paent

las tijeras

siswrn

el pegamento

glud

el cuaderno de ejercicios

llyfr ysgrifennu

los deberes

gwaith cartref

el número

rhif

sumar

ychwanegu

restar

tynnu

multiplicar

lluosi

calcular

cyfrifo

la letra

llythyren

el alfabeto

gwyddor

la palabra

gair

el texto

testun

leer

darllen

la tiza

sialc

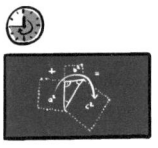

la lección

gwers

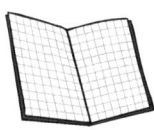

el cuaderno de notas

cofrestr

el examen

arholiad

el certificado

tystysgrif

el uniforme

gwisg ysgol

la educación

addysg

la enciclopedia

gwyddoniadur

la universidad

prifysgol

el microscopio

microsgop

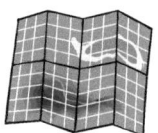

el mapa

map

la papelera

basged papur gwastraff

el viaje
teithio

el hotel
gwesty
Grand
el albergue
hostel
ROOMS
ficina de cambio de divisas
ddfa gyfnewid
EXCHANGE
la maleta
cês dillad
el coche
car

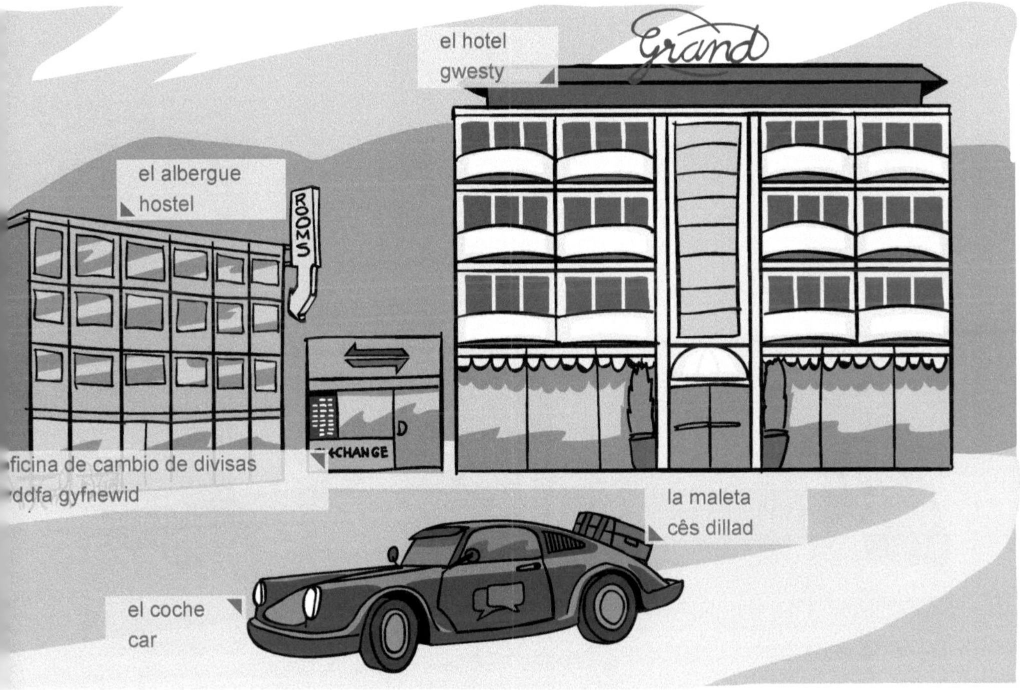

el idioma

iaith

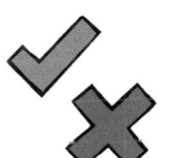

sí / no

ie / na

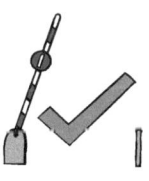

Vale

iawn

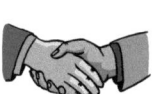

hola

helo

el traductor

cyfieithydd

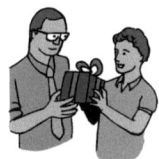

Gracias

Diolch yn fawr

¿cuánto es...?

faint yw ...?

No entiendo

Dw i ddim yn deall

el problema

problem

¡Buenas tardes!

Noswaith dda!

¡Buenos días!

Bore da!

¡Buenas noches!

Nos da!

adiós

hwyl

la dirección

cyfarwyddyd

el equipaje

bagiau

la bolsa

bag

la mochila

gwarbac

el invitado

gwestai

la habitación

ystafell

el saco de dormir

sach gysgu

la tienda de campaña

pabell

la información turística

gwybodaeth i ymwelwyr

la playa

traeth

la tarjeta de crédito

cerdyn credyd

el desayuno

brecwast

el almuerzo

cinio

la cena

swper

el billete

tocyn

el ascensor

lifft

el sello

stamp

la frontera

ffin

la aduana

tollau

la embajada

llysgenhadaeth

la visa

fisa

el pasaporte

pasbort

el transporte
cludiant

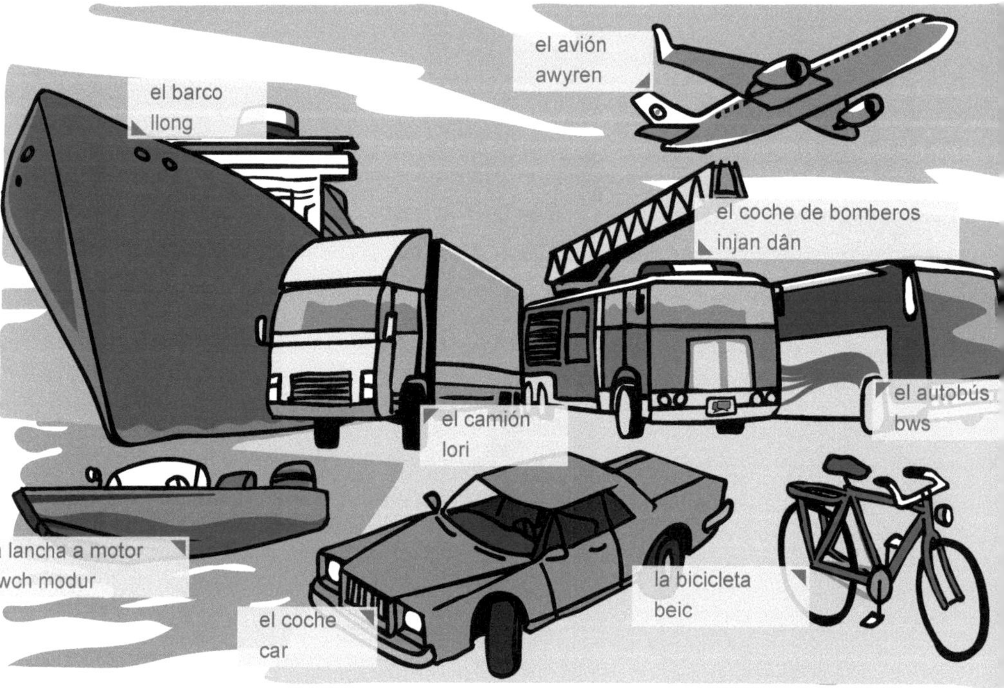
el avión
awyren
el barco
llong
el coche de bomberos
injan dân
el autobús
bws
el camión
lori
la lancha a motor
cwch modur
la bicicleta
beic
el coche
car

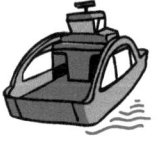

el transbordador

fferi

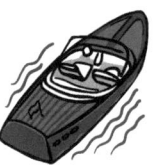

la barca

cwch

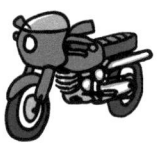

la moto

beic modur

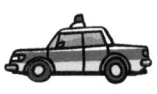

el coche de policía

car yr heddlu

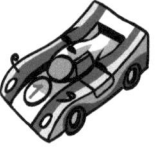

el coche de carreras

car rasio

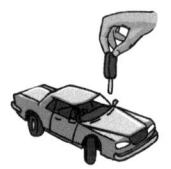

el coche de alquiler

car wedi'i rentu

el préstamo de vehículos

rhannu car

la grúa

lori tynnu

el camión de la basura

lori ysbwriel

el motor

modur

la gasolina

tanwydd

la gasolinera

gorsaf betrol

la señal de tráfico

arwydd traffig

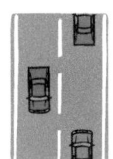

el tráfico

traffig

el atasco

tagfa draffig

el aparcamiento

maes parcio

la estación de tren

gorsaf drennau

las vías

traciau

el tren

trên

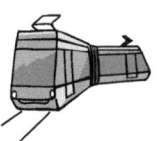

el tranvía

tram

el vagón

wagen

el helicóptero

hofrennydd

el aeropuerto

maes awyr

la torre

twr

el pasajero

teithiwr

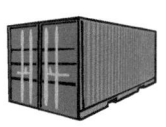

el contenedor

cynhwysydd

la caja de cartón

paced

la carretilla

cert

la cesta

basged

despegar / aterrizar

esgyn / glanio

la ciudad
dinas

el pueblo

pentref

el centro de la ciudad

canol y ddinas

la casa

tŷ

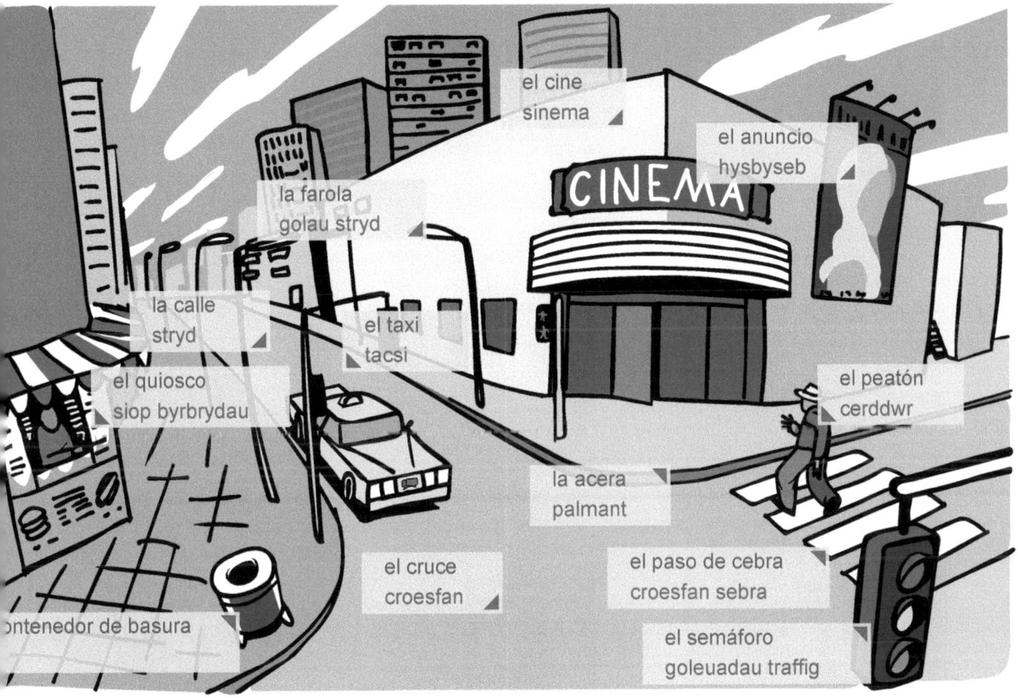
el cine
sinema
el anuncio
hysbyseb
CINEMA
la farola
golau stryd
la calle
stryd
el taxi
tacsi
el quiosco
siop byrbrydau
el peatón
cerddwr
la acera
palmant
el cruce
croesfan
el paso de cebra
croesfan sebra
ontenedor de basura
el semáforo
goleuadau traffig

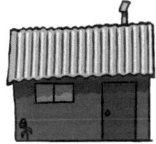

la cabaña

cwt

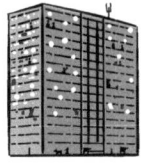

el apartamento

fflat

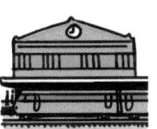

la estación de tren

gorsaf drennau

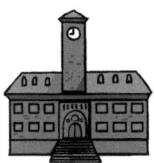

el ayuntamiento

neuadd y dref

MUSEUM

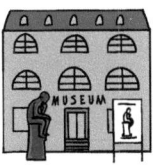

el museo

amgueddfa

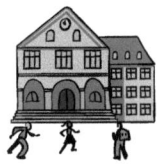

la escuela

ysgol

la universidad

prifysgol

el banco

banc

el hospital

ysbyty

el hotel

gwesty

la farmacia

fferyllfa

la oficina

swyddfa

la librería

siop lyfrau

la tienda de campaña

siop

la floristería

siop flodau

el supermercado

archfarchnad

el mercado

farchnad

los grandes almacenes

siop adrannol

la pescadería

siop bysgod

el centro comercial

canolfan siopa

el puerto

harbwr

el parque

parc

el banco

banc

el puente

pont

las escaleras

grisiau

el metro

rheilffordd danddaearol

el túnel

twnnel

la parada de autobús

safle bws

el bar

bar

el restaurante

bwyty

el buzón

blwch post

el poste indicador

arwydd stryd

el parquímetro

mesurydd parcio

el zoo

sŵ

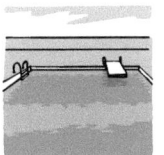

la piscina

pwll nofio

la mezquita

mosg

la granja

fferm

la contaminación

llygredd

el cementerio

mynwent

la iglesia

eglwys

el patio de juego

maes chwarae

el templo

teml

el paisaje

tirwedd

la hoja
deilen

la señal
arwydd cyfeirio

el camino
ffordd

el prado
dôl

la piedra
carreg

el excursionista
heiciwr

el árbol
coeden

el río
afon

la hierba
glaswellt

la flor
blodyn

el valle

cwm

la colina

bryn

el lago

llyn

el bosque

coedwig

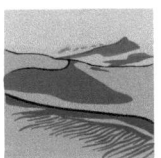

el desierto

anialwch

el volcán

llosgfynydd

el castillo

castell

el arcoíris

enfys

el champiñón

madarchen

la palmera

palmwydden

el mosquito

mosgito

la mosca

pryf

la hormiga

morgrugyn

la abeja

gwenyn

la araña

pryf copyn

el escarabajo

chwilen

la rana

llyffant

la ardilla

gwiwer

el erizo

draenog

la liebre

ysgyfarnog

la lechuza

tylluan

el pájaro

aderyn

el cisne

alarch

el jabalí

baedd

el ciervo

carw

el alce

elc

la presa

argae

la turbina eólica

tyrbin gwynt

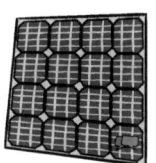

el panel solar

panel haul

el clima

hinsawdd

el restaurante
bwyty

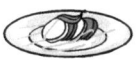

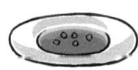

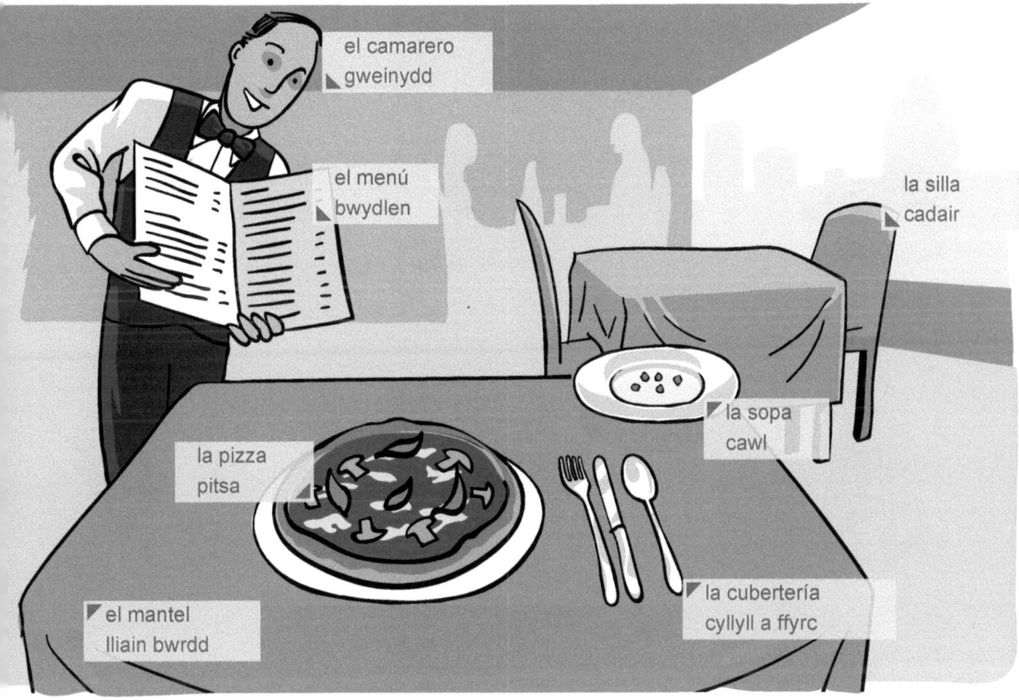
el camarero
gweinydd
el menú
bwydlen
la silla
cadair
la sopa
cawl
la pizza
pitsa
la cubertería
cyllyll a ffyrc
el mantel
lliain bwrdd

el primer plato

cwrs cyntaf

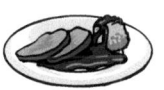

el plato principal

prif gwrs

el postre

pwdin

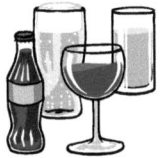

las bebidas

diodydd

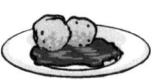

la comida

bwyd

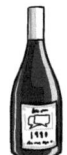

la botella

potel

la comida rápida

bwyd cyflym

la comida callejera

bwyd y stryd

la tetera

tebot

el azucarero

powlen siwgr

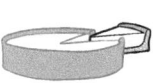

la porción

dogn

la cafetera expreso

peiriant espresso

la trona

cadair plentyn

la cuenta

bil

la bandeja

hambwrdd

el cuchillo

cyllell

el tenedor

fforc

la cuchara

llwy

la cucharilla

llwy de

la servilleta

napcyn

el vaso

gwydr

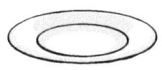

el plato

plât

el plato hondo

plât cawl

el platillo

soser

la salsa

saws

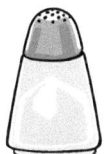

el salero

pot halen

el molinillo de pimienta

melin bupur

el vinagre

finegr

el aceite

olew

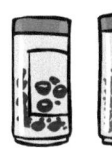

las especias

sbeisys

el ketchup

saws coch

la mostaza

mwstard

la mayonesa

mayonnaise

el supermercado
archfarchnad

la oferta especial
cynnig arbennig
el cliente
cwsmer
los lácteos
cynnyrch llaeth
la fruta
ffrwythau
el carro de compra
troli
FOR

BUTCHERS

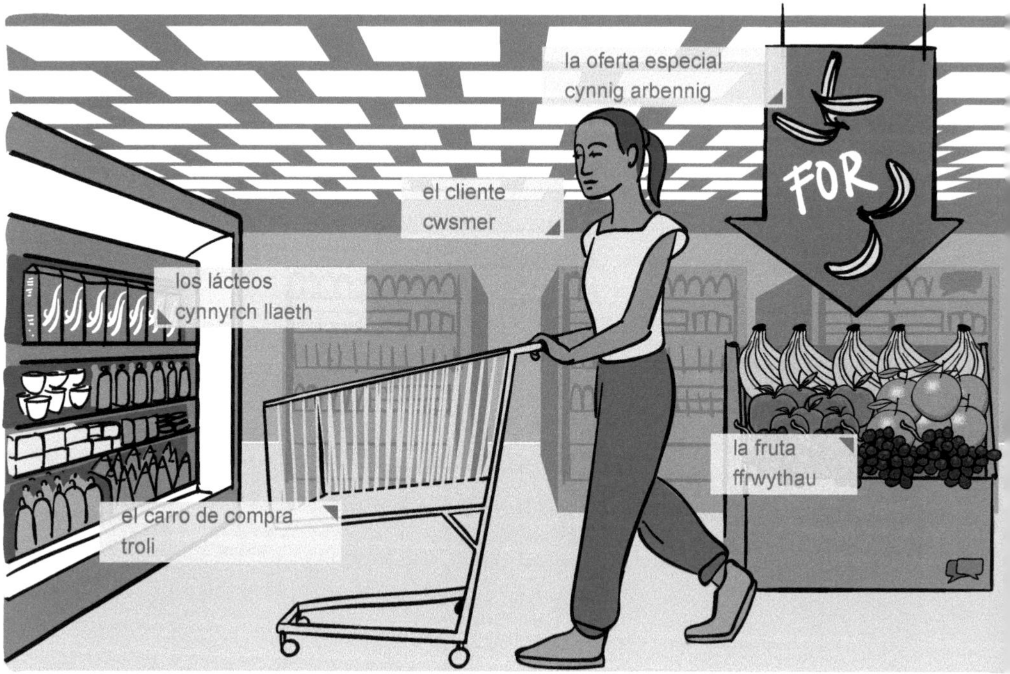

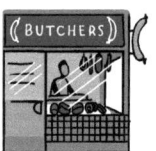

la carniceria

siop gig

BAKERY

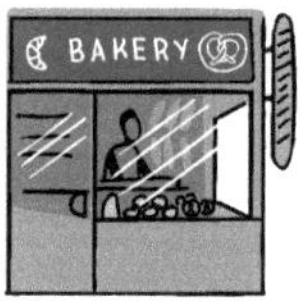

la panadería

siop fara

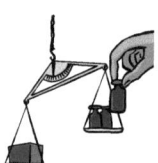

pesar

pwyso

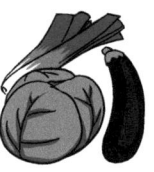

las verduras

llysiau

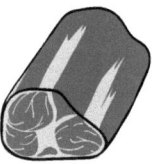

la carne

cig

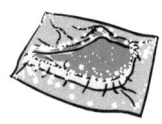

los alimentos congelados

Bwyd wedi'i rewi

los fiambres
cig oer

las conservas
bwyd tun

el detergente en polvo
powdr golchi

los dulces
da-da

productos de uso doméstico
cynnyrch cartref

productos de limpieza
cynhyrchion glanhau

la vendedora
gwerthwraig

la caja de cartón
til

el cajero
ariannwr

la lista de la compra
rhestr siopa

el horario de atención al público
oriau agor

la cartera
waled

la tarjeta de crédito
cerdyn credyd

la bolsa de plástico
bag

la bolsa de plástico
bag plastig

el agua

dŵr

el zumo

sudd

la leche

llefrith

la cola

côc

el vino

gwin

la cerveza

cwrw

el alcohol

alcohol

el cacao

coco

el té

te

el café

coffi

el expreso

espresso

el capuchino

cappuccino

el plátano

ffrwchledd

la manzana

afal

la naranja

oren

el melón

melon

el limón

lemwn

la zanahoria

moronen

el ajo

garlleg

el bambú

bambŵ

la cebolla

nionyn

el champiñón

madarchen

las avellanas

cnau

los fideos

nwdls

las espagueti

sbageti

el arroz

reis

la ensalada

salad

las patatas fritas

sglodion

las patatas fritas

tatws wedi'u ffrïo

la pizza

pitsa

la hamburguesa

hambyrger

el sándwich

brechdan

el filete

cytled

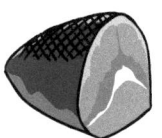

el jamón

ham

le salami

salami

la salchicha

selsig

el pollo

cyw iâr

el asado

rhost

el pescado

pysgodyn

los copos de avena

ceirch uwd

el muesli

miwsli

los copos de maíz

creision ŷd

la harina

blawd

el cruasán

croissant

el panecillo

bynsen

el pan

bara

la tostada

tost

las galletas

bisgedi

la mantequilla

menyn

la cuajada

ceuled

el pastel

teisen

el huevo

wy

el huevo frito

wy wedi'i ffrïo

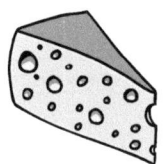

el queso

caws

la comida - bwyd

el helado

hufen iâ

el azúcar

siwgr

la miel

mêl

la mermelada

jam

la crema de turrón

siocled taenu

el curry

cyri

la granja
fferm

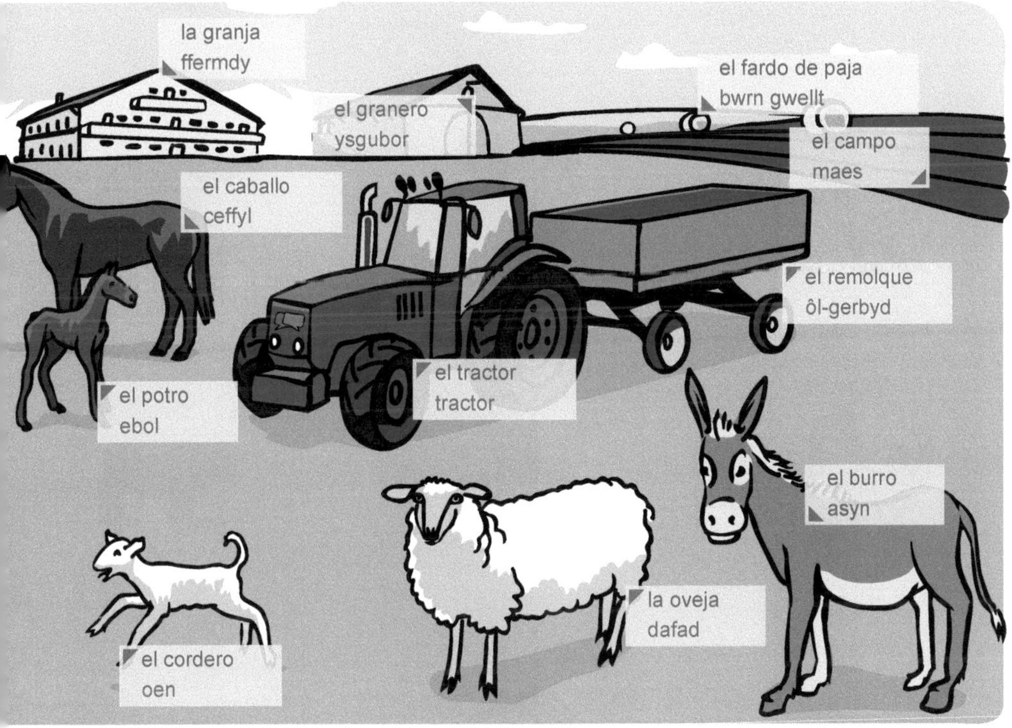

la granja
ffermdy
el granero
ysgubor
el fardo de paja
bwrn gwellt
el campo
maes
el caballo
ceffyl
el remolque
ôl-gerbyd
el tractor
tractor
el potro
ebol
el burro
asyn
la oveja
dafad
el cordero
oen

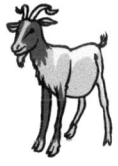

la cabra
gafr

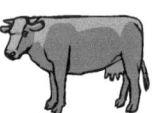

la vaca
buwch

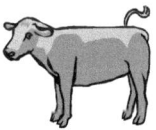

el ternero
llo

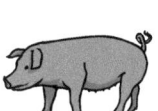

el cerdo
mochyn

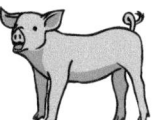

el cerdito
porchell

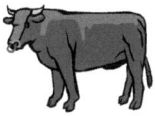

el toro
tarw

el ganso

gwydd

el pato

hwyaden

el pollo

cyw

la gallina

iâr

el gallo

ceiliog

la rata

llygoden fawr

el gato

cath

el ratón

llygoden

el buey

ych

el perro

ci

la perrera

cwt ci

la manguera

pibell ddŵr

la regadera

can dŵr

la guadaña

pladur

el arado

aradr

la hoz

cryman

la azada

fforch chwynu

la horca

picwarch

el hacha

bwyell

la carretilla

berfa

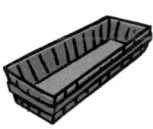

el abrevadero

cafn

la lechera

tun llefrith

el saco

sach

la valla

ffens

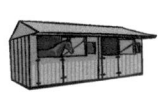

el establo

stabl

el invernadero

tŷ gwydr

el suelo

pridd

la semilla

hedyn

el fertilizador

gwrtaith

la cosechadora

dyrnwr medi

cosechar

cynaeafu

la cosecha

cynhaeaf

el ñame

iamau

el trigo

gwenith

el soja

soi

la patata

tysen

el maíz

grawn

la semilla de colza

had rêp

el árbol frutal

coeden ffrwythau

la mandioca

manioc

las cereales

grawnfwydydd

la casa

tŷ

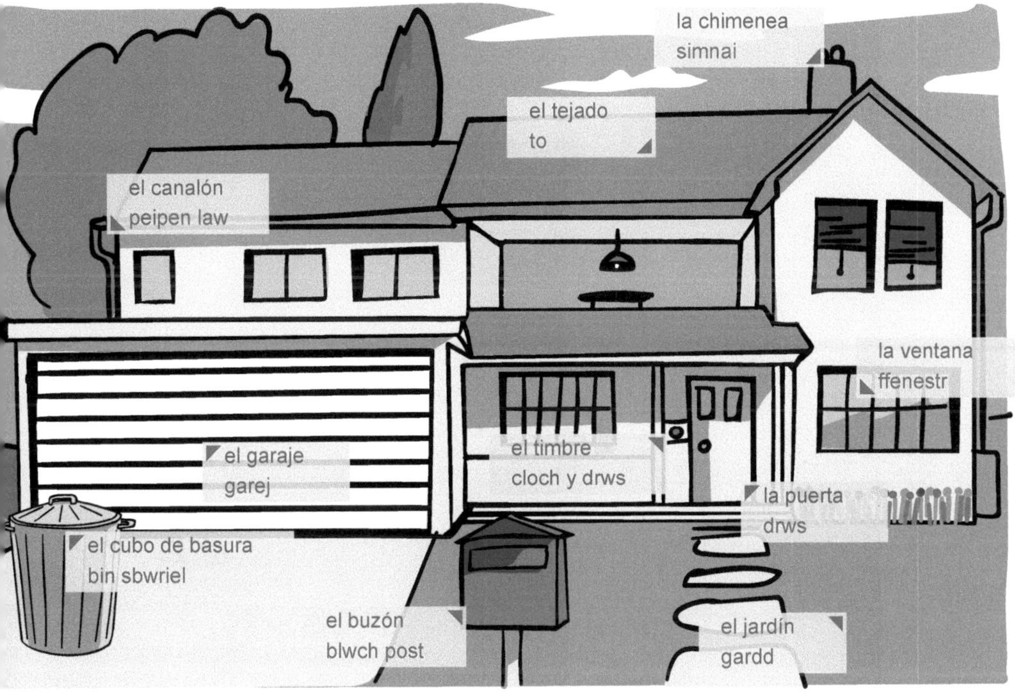

la chimenea
simnai
el tejado
to
el canalón
peipen law
la ventana
ffenestr
el garaje
garej
el timbre
cloch y drws
la puerta
drws
el cubo de basura
bin sbwriel
el buzón
blwch post
el jardín
gardd

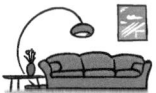

la sala
....
lolfa

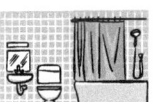

el cuarto de baño
....
ystafell ymolchi

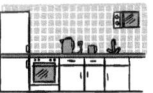

la cocina
....
cegin

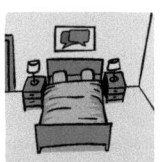

el dormitorio
....
ystafell wely

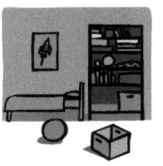

la habitación de los niños
....
ystafell plentyn

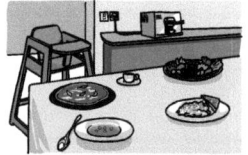

el comedor
....
ystafell fwyta

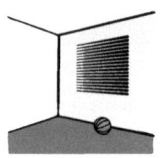

el suelo

llawr

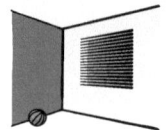

la pared

wal

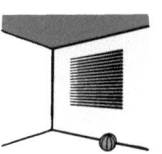

el techo

nenfwd

el sótano

seler

la sauna

sawna

el balcón

balconi

la terraza

teras

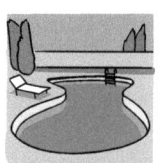

la piscina

pwll

el cortacésped

peiriant torri gwair

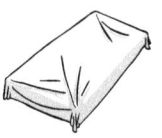

la sábana

taflen

la colcha

gorchudd gwely

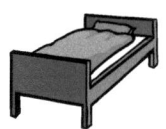

la cama

gwely

la escoba

ysgub

el balde

bwced

el interruptor

swits

la sala
lolfa

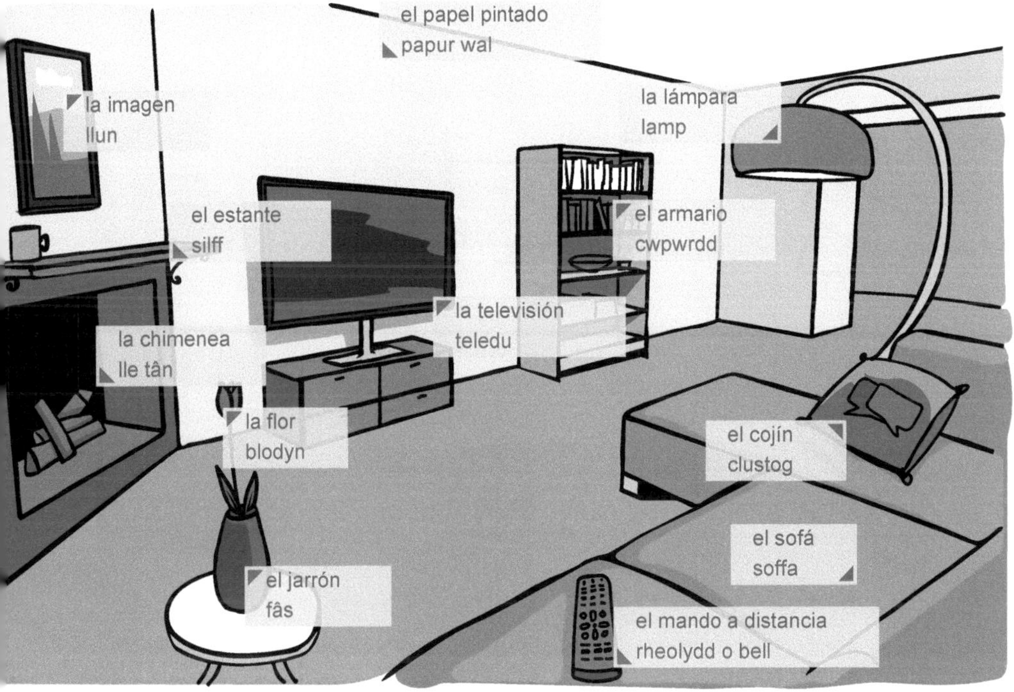

el papel pintado
papur wal
la imagen
llun
la lámpara
lamp
el estante
silff
el armario
cwpwrdd
la televisión
teledu
la chimenea
lle tân
la flor
blodyn
el cojín
clustog
el sofá
soffa
el jarrón
fâs
el mando a distancia
rheolydd o bell

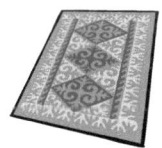

la alfombra

carped

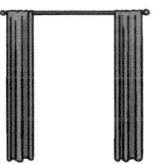

la cortina

llen

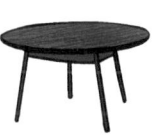

la mesa

bwrdd

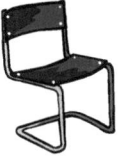

la silla

cadair

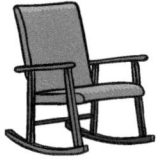

el mecedora

cadair siglo

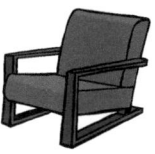

la butaca

cadair freichiau

el libro

llyfr

la manta

blanced

la decoración

addurn

la leña

coed tân

la película

ffilm

el equipo de música

hi-fi

la llave

agoriad

el periódico

papur newydd

la pintura

darlun

el póster

poster

la radio

radio

el cuaderno

llyfr nodiadau

la aspiradora

hwfer

el cactus

cactws

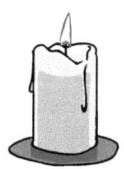

la vela

cannwyll

la cocina
cegin

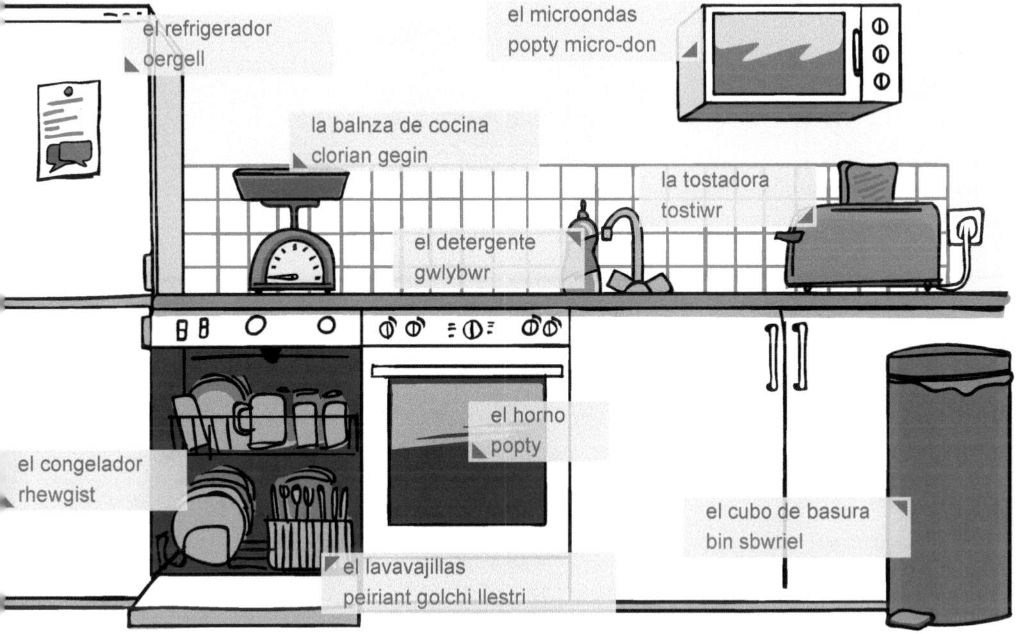

el refrigerador
oergell
el microondas
popty micro-don
la balnza de cocina
clorian gegin
la tostadora
tostiwr
el detergente
gwlybwr
el horno
popty
el congelador
rhewgist
el cubo de basura
bin sbwriel
el lavavajillas
peiriant golchi llestri

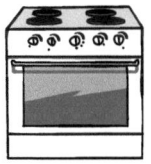

la olla a presión

popty

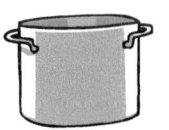

la olla

pot

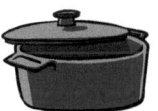

la olla de hierro fundido

pot haearn bwrw

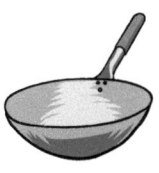

el wok

wok / kadai

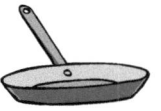

la cazuela

padell

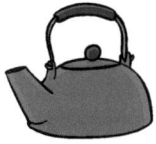

el hervidor

tegell

la vaporera

sosban stemio

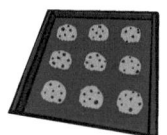

la chapa de horno

hambwrdd pobi

la vajilla

llestri

la taza

mwg

el tazón

powlen

los palillos

gweill bwyta

el cucharón

lletwad

la espumadera

ysbodol

el batidor

chwisg

el colador

hidlydd

el cedazo

gogr

el rallador

gratiwr

el mortero

morter

la barbacoa

barbeciw

la hoguera

tân agored

la tabla de picar

bwrdd torri cig

el rodillo

rholbren

el sacacorchos

tynnwr corcyn

la lata

tun

el abrelatas

peth agor tuniau

el agarrador

clwt pot

el lavabo

sinc

el cepillo

brws

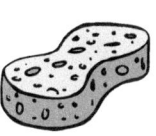

la esponja

sbwng

la batidora

peiriant cymysgu

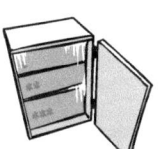

el congelador

rhewgell

el biberón

potel babi

el grifo

tap

el cuarto de baño

ystafell ymolchi

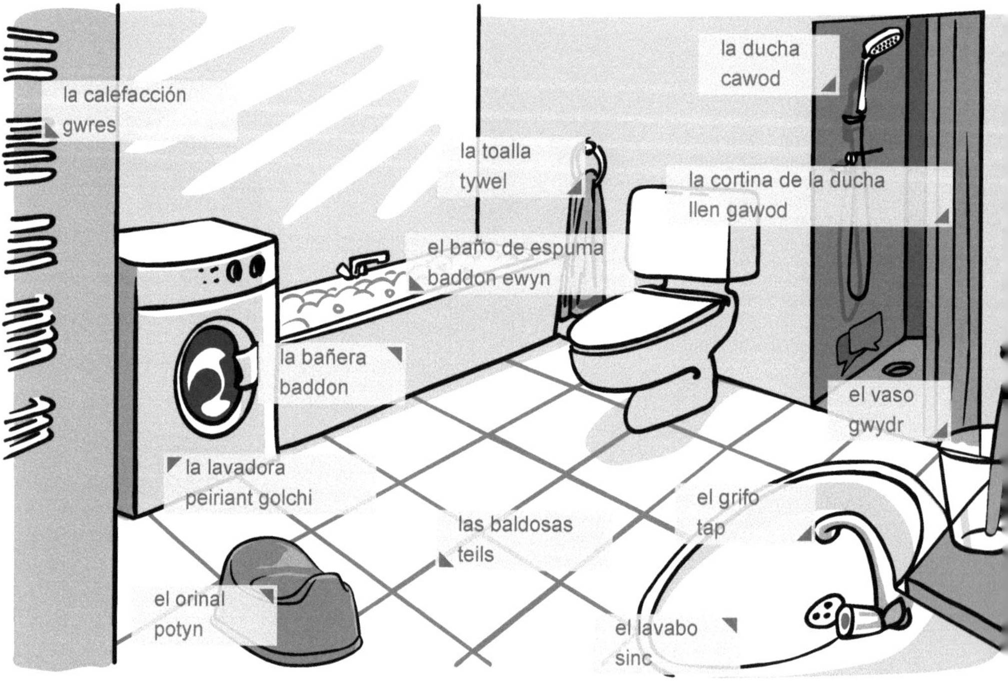

la calefacción
gwres
la toalla
tywel
la ducha
cawod
la cortina de la ducha
llen gawod
el baño de espuma
baddon ewyn
la bañera
baddon
el vaso
gwydr
la lavadora
peiriant golchi
el grifo
tap
las baldosas
teils
el orinal
potyn
el lavabo
sinc

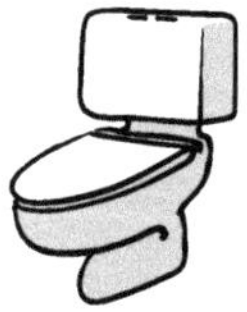

el inodoro

tŷ bach

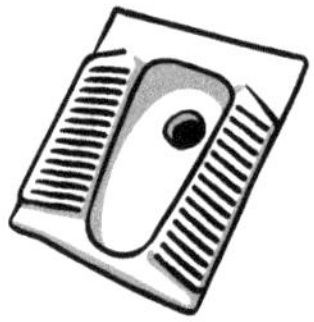

el inodoro rústico

toiled cyrcydu

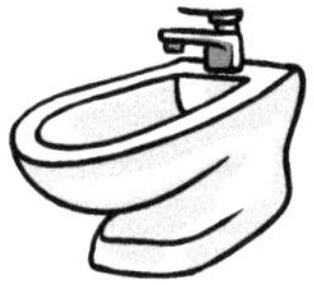

el bidé

bidet

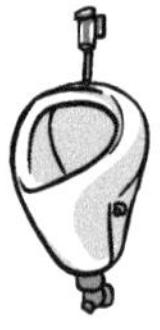

el urinario

troethfa

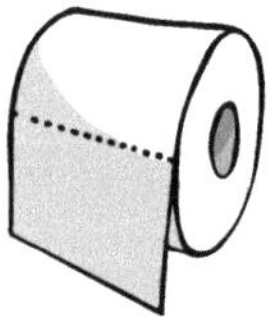

el papel higiénico

papur tŷ bach

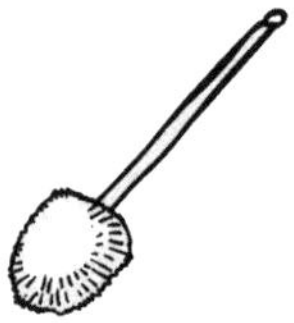

la escobilla del váter

brws tŷ bach

el cepillo de dientes

brws dannedd

la pasta de dientes

past dannedd

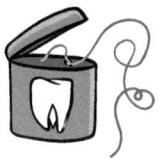

el hilo dental

edau ddannedd

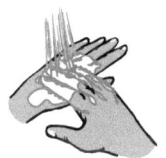

lavar

golchi

la ducha de mano

cawod llaw

la ducha íntima

golchfa

la pila

basn

el cepillo de espalda

brws-ôl

el jabón

sebon

el gel de ducha

gel cawod

el champú

siampŵ

la toallita

gwlanen

el desagüe

ffos

la crema

hufen

el desodorante

diaroglydd

el cuarto de baño - ystafell ymolchi   39

el espejo

drych

el espejo de tocador

drych llaw

la maquinilla de afeitar

rasel

la espuma de afeitar

ewyn eillio

la loción postafeitado

sent eillio

el peine

crib

el cepillo

brws

el secador

sychwr gwallt

la laca

chwistrell gwallt

el maquillaje

colur

el pintalabios

minlliw

el pintauñas

farnais ewinedd

el algodón

gwlân cotwm

el cortauñas

siswrn ewinedd

el perfume

persawr

el estuche de viaje
bag ymolchi

la banqueta
stôl

la balanza
clorian

el albornoz
gŵn baddon

los guantes de goma
menig rwber

el tampón
tampon

la compresa
tywel misglwyf

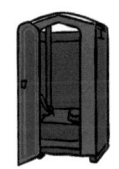

el inodoro químico
toiled cemegol

la habitación de los niños

ystafell plentyn

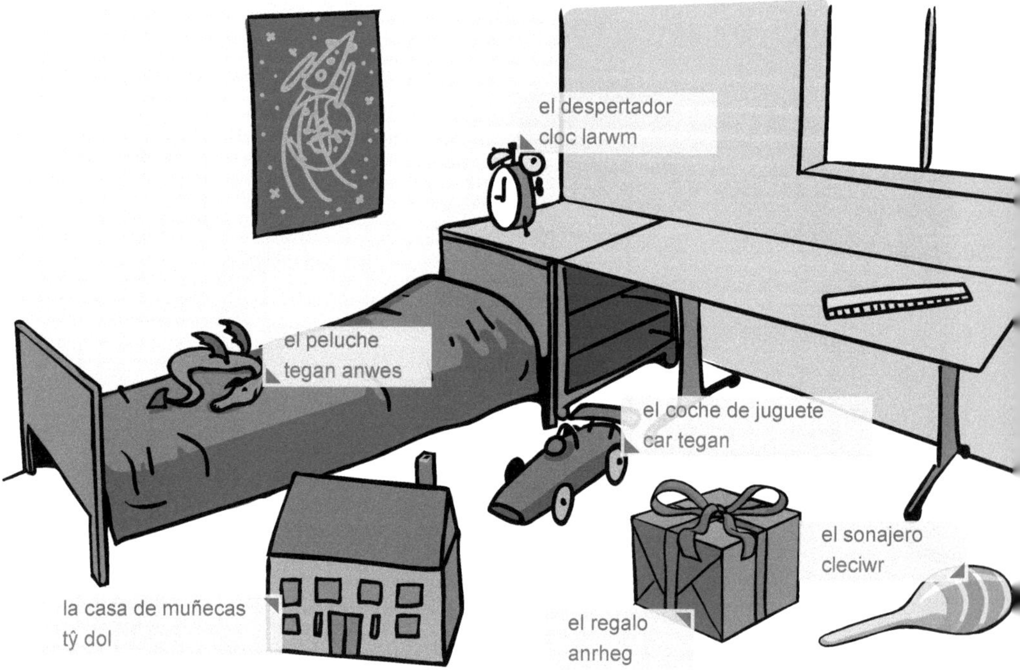
el despertador
cloc larwm
el peluche
tegan anwes
el coche de juguete
car tegan
el sonajero
cleciwr
la casa de muñecas
tŷ dol
el regalo
anrheg

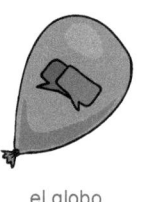

el globo

balŵn

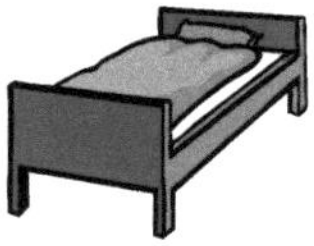

la cama

gwely

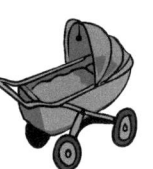

el coche de niño

pram

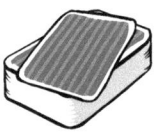

los naipes

pecyn o gardiau

el puzle

jig-so

SUPER
MEGA

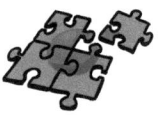

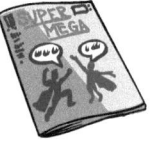

el tebeo

comic

las piezas de lego
brics Lego

los bloques de juguete
blociau adeiladu

la figura de acción
ffigur gweithredu

el bodi (de bebé)
babygro

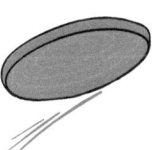

el frisbee
ffrisbi

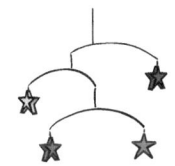

el colgador móvil para bebés
ffôn symudol

el juego de mesa
gêm fwrdd

los dados
deis

el circuito de tren eléctrico
set model trên

el maniquí
teth lwgu

la fiesta
parti

el álbum de fotos
llyfr lluniau

la pelota
pêl

la muñeca
dol

jugar
chwarae

el cajón de arena

pwll tywod

el columpio

swing

los juguetes

teganau

la videoconsola

consol gemau fideo

el triciclo

beic tair olwyn

el oso de peluche

tedi

la guardarropa

cwpwrdd dillad

la ropa

dillad

los calcetines

hosanau

las medias

hosanau

los leotardos

teits

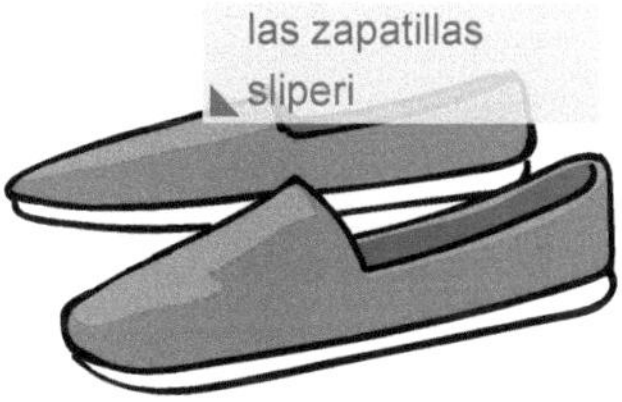

la bufanda
sgarff

el paraguas
ymbarél

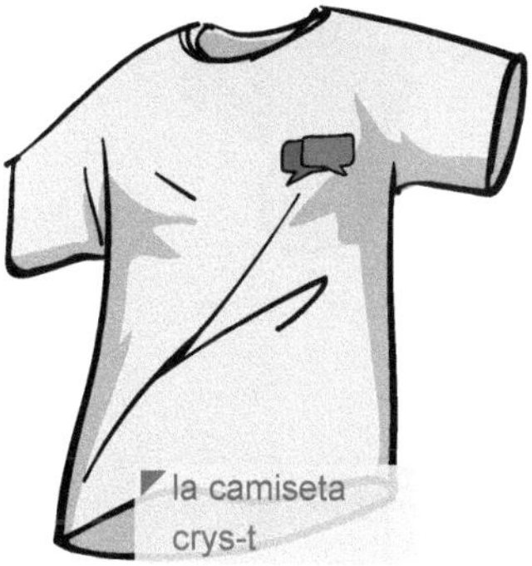

la camiseta
crys-t

el cinturón
gwregys

las botas
esgidiau

las zapatillas
sliperi

las deportivas
esidiau ymarfer

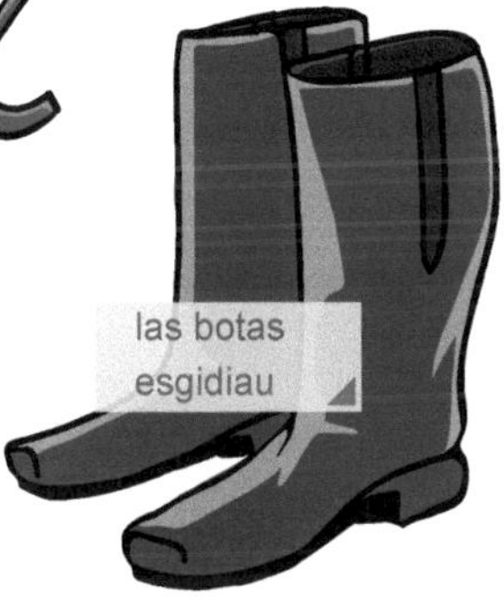

las sandalias
....
sandalau

los zapatos
....
esgidiau

las botas de goma
....
esgidiau rwber

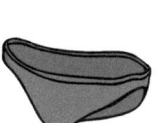
el slip
....
trôns

el sostén
....
bra

el chaleco
....
fest

el bodi

corff

los pantalones cortos

trowsus

los vaqueros

jîns

la falda

sgert

la blusa

blows

la camisa

crys

el jersey

pwlofer

el suéter

hwdi

el blazer

blaser

la chaqueta

siaced

el abrigo

côt

la gabardina

côt law

el traje

gwisg

el vestido

gŵn

el vestido de novia

gwisg briodas

el traje
siwt

el camisón
gŵn nos

el pijama
pyjamas

el sati
sari

el bandana
sgarff pen

el turbante
tyrban

la burka
bwrca

el caftán
cafftan

la abaya
abaya

el traje de baño
gwisg nofio

el bañador
trowsus nofio

los pantalones cortos
siorts

el chándal
tracwisg

el delantal
ffedog

los guantes
menig

el botón

botwm

las gafas

sbectol

el brazalete

breichled

el collar

cadwyn

el anillo

modrwy

el pendiente

clustdlws

la gorra

cap

la percha

cambren

el sombrero

het

la corbata

tei

la cremallera

sip

el casco

helmed

los tirantes

fframiau danedd

el uniforme

gwisg ysgol

el uniforme

gwisg

el babero

bib

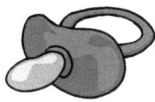

el maniquí

teth lwgu

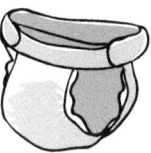

el pañal

cewyn

la oficina
swyddfa

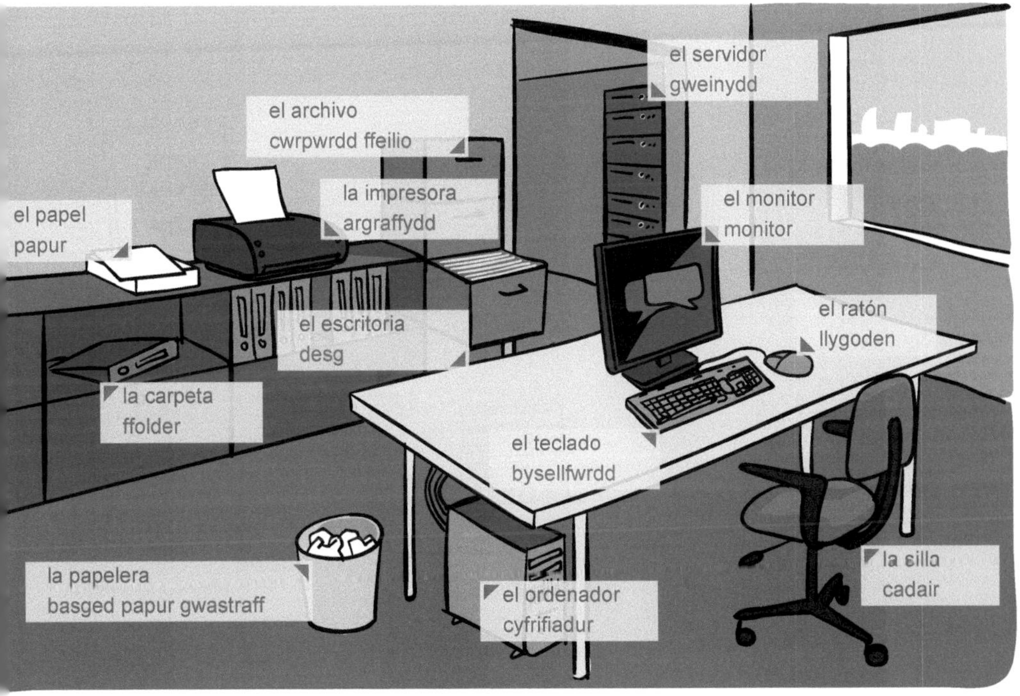

el servidor
gweinydd

el archivo
cwrpwrdd ffeilio

la impresora
argraffydd

el papel
papur

el monitor
monitor

el escritoria
desg

el ratón
llygoden

la carpeta
ffolder

el teclado
bysellfwrdd

la papelera
basged papur gwastraff

la silla
cadair

el ordenador
cyfrifiadur

la taza de café

mwg coffi

la calculadora

cyfrifiannell

el internet

rhyngrwyd

el portátil

gliniadur

la carta

llythyr

el mensaje

neges

el móvil

ffôn symudol

la red

rhwydwaith

la fotocopiadora

llungopïwr

el software

meddalwedd

el teléfono

teleffon

la toma de corriente

soced plwg

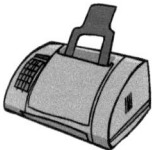

el fax

peiriant ffacs

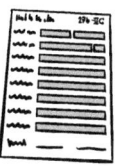

el formulario

ffurflen

el documento

dogfen

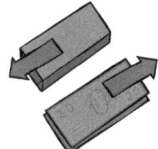

comprar
prynu

pagar
talu

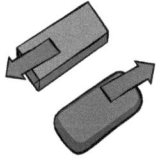

comerciar
masnachu

el dinero
arian

el dólar
doler

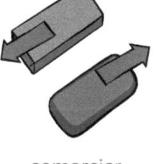

el euro
ewro

el yen
yen

el rublo
rwbl

el franco suizo
ffranc y Swistir

el renminbi yuan
yuan renminbi

la rupia
rwpi

el cajero automático
peiriant arian

la oficina de cambio de divisas
swyddfa gyfnewid

el oro
aur

la plata
arian

el petróleo
olew

la energía
ynni

el precio
pris

el contrato
contract

el impuesto
treth

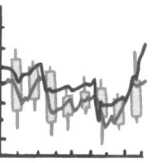

la acción
stoc

trabajar
gweithio

el empleador
cyflogai

el empleador
cyflogwr

la fábrica
ffatri

la tienda de campaña
siop

los oficios
swyddi

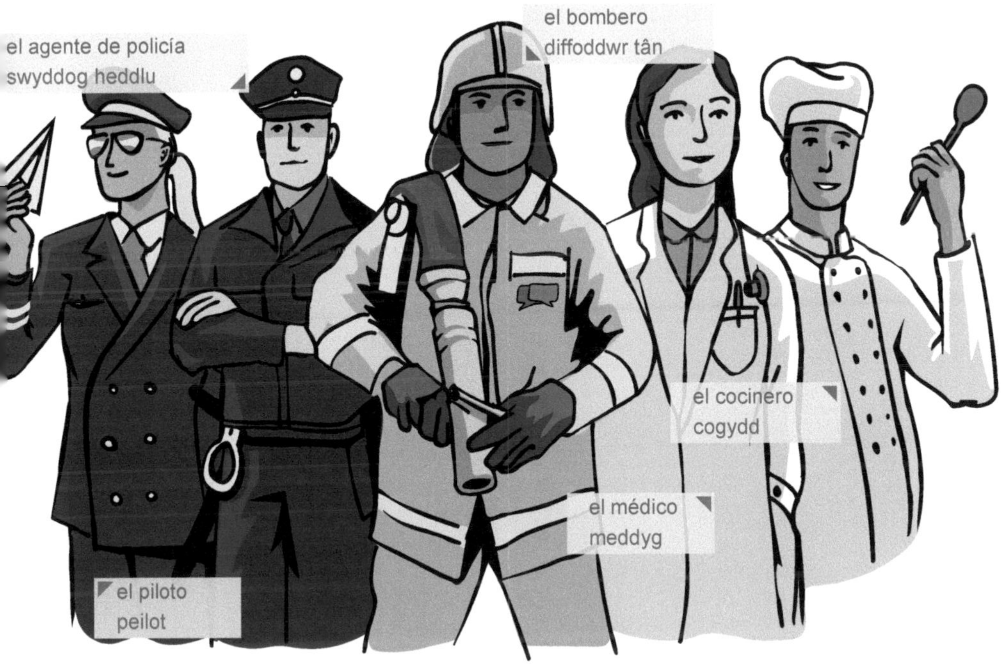
el agente de policía
swyddog heddlu
el bombero
diffoddwr tân
el cocinero
cogydd
el médico
meddyg
el piloto
peilot

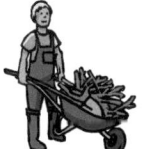

el jardinero

garddwr

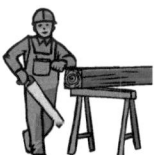

el carpintero

saer

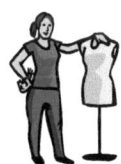

la costurera

gwniadwraig

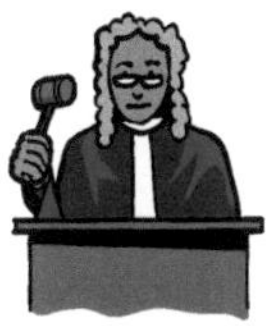

el juez

barnwr

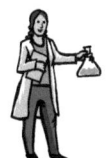

el farmacéutico

fferyllydd

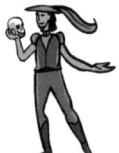

el actor

actor

el conductor de autobús

gyrrwr bws

el taxista

gyrrwr tacsi

el pescador

pysgotwr

la señora de la limpieza

glanhawraig

el techador

töwr

el camarero

gweinydd

el cazador

heliwr

el pintor

paentiwr

el panadero

pobydd

el electricista

trydanwr

el obrero

adeiladwr

el ingeniero

peiriannydd

el carnicero

cigydd

el fontanero

plymiwr

el cartero

dyn y post

el soldado

milwr

el arquitecto

pensaer

el cajero

ariannwr

el florista

gwerthwr blodau

el peluquero

triniwr gwallt

el revisor

archwiliwr tocynnau
rheilffordd

el mecánico

mecanydd

el capitán

capten

el dentista

deintydd

el científico

gwyddonydd

el rabino

rabi

el imán

imam

el monje

mynach

el sacerdote

clerigwr

las herramientas
offer

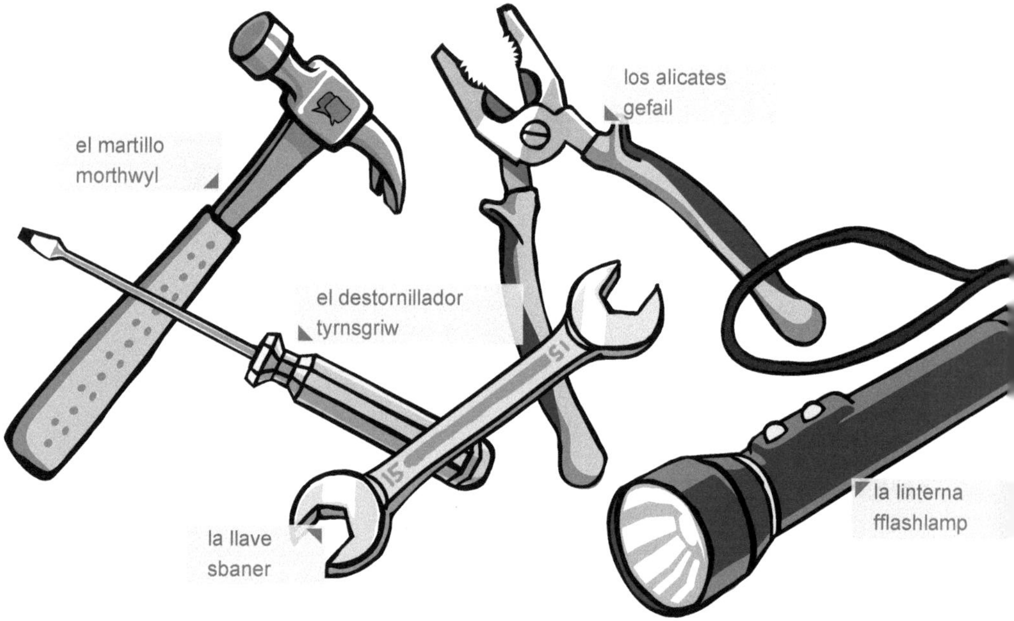
los alicates
gefail
el martillo
morthwyl
el destornillador
tyrnsgriw
la llave
sbaner
la linterna
fflashlamp

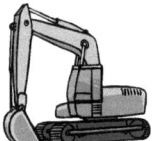

la excavadora

turiwr

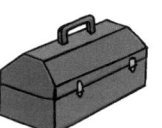

la caja de herramientas

blwch offer

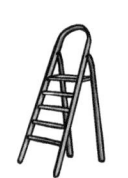

la escalera de mano

ysgol

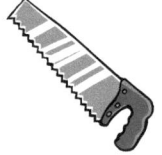

la sierra

llif

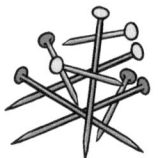

los clavos

hoelion

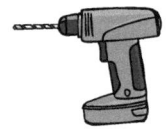

el taladro

dril

reparar

trwsio

la pala

rhaw

¡Maldita sea!

Daria!

el recogedor

rhaw lwch

el bote de pintura

pot paent

los tornillos

sgriwiau

los instrumentos musicales
offerynnau cerdd

el altavoz
uchelseinydd

la batería
set drymiau

la guitarra
gitâr

el contrabajo
bas dwbl

la trompeta
trwmped

el piano

piano

el violín

ffidil

bajo

bas

los timbales

timpani

el tambor

drymiau

el teclado

cyweirfwrdd

el saxofón

sacsoffon

la flauta

ffliwt

el micrófono

meicroffon

el zoo

sŵ

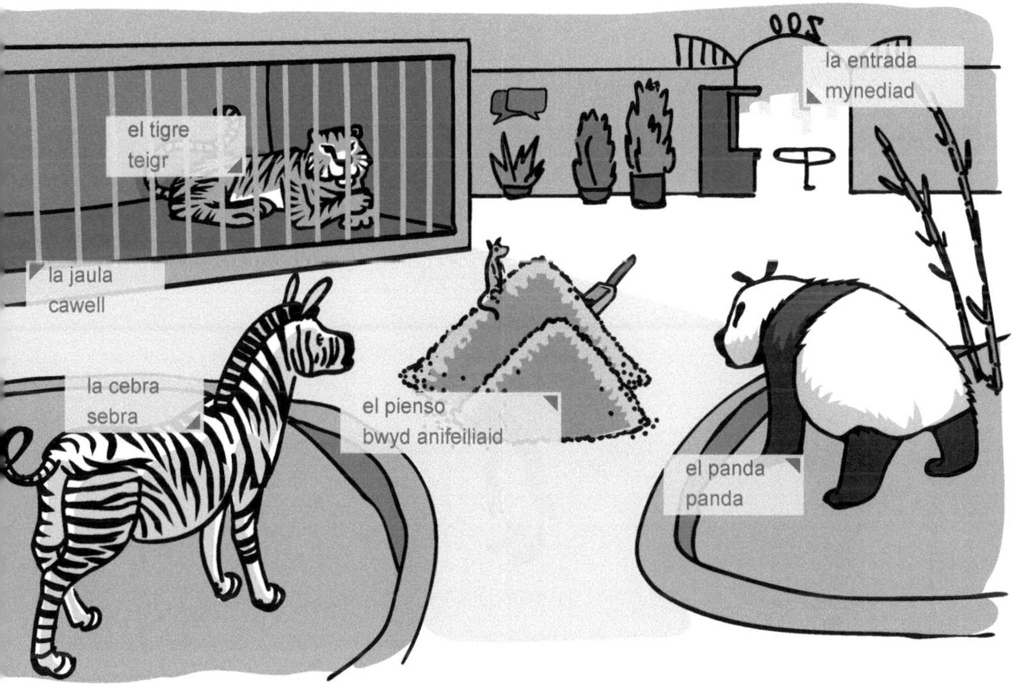

la entrada
mynediad
el tigre
teigr
la jaula
cawell
la cebra
sebra
el pienso
bwyd anifeiliaid
el panda
panda

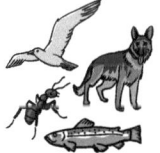

los animales

anifeiliaid

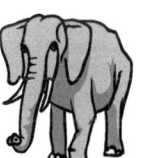

el elefante

eliffant

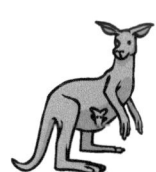

el canguro

cangarŵ

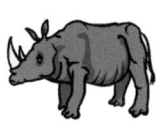

el rinoceronte

rhinoseros

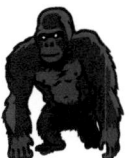

el gorila

gorila

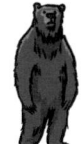

el oso

arth

el camello

camel

el avestruz

estrys

el león

llew

el mono

mwnci

el flamingo

fflamingo

el loro

parot

el oso polar

arth wen

el pingüino

pengwin

el tiburón

siarc

el pavo real

paun

la serpiente

neidr

el cocodrilo

crocodeil

el guardián de zoológico

gofalwr sŵ

la foca

morlo

el jaguar

jagwar

el poni
merlyn

el leopardo
llewpard

el hipopótamo
hipo

la jirafa
jiráff

el águila
eryr

el jabalí
baedd

el pescado
pysgodyn

la tortuga
crwban

la morsa
walrws

cl zorro
llwynog

la gacela
gafrewig

el fútbol americano
pêl-droed America

el ciclismo
beicio

el tenis
tennis

el baloncesto
pêl-fasged

la natación
nofio

el boxeo
bocsio

el hockey sobre hielo
hoci iâ

el fútbol

pêl-droed

el bádminton

badminton

el atletismo

athletau

el balonmano

pêl-law

el esquí

sgïo

el polo

polo

las actividades
gweithgareddau

reír
chwerthin
saltar
neidio
abrazar
cofleidio
caminar
cerdded
cantar
canu
soñar
breuddwydio
rezar
gweddïo
besar
cusanu

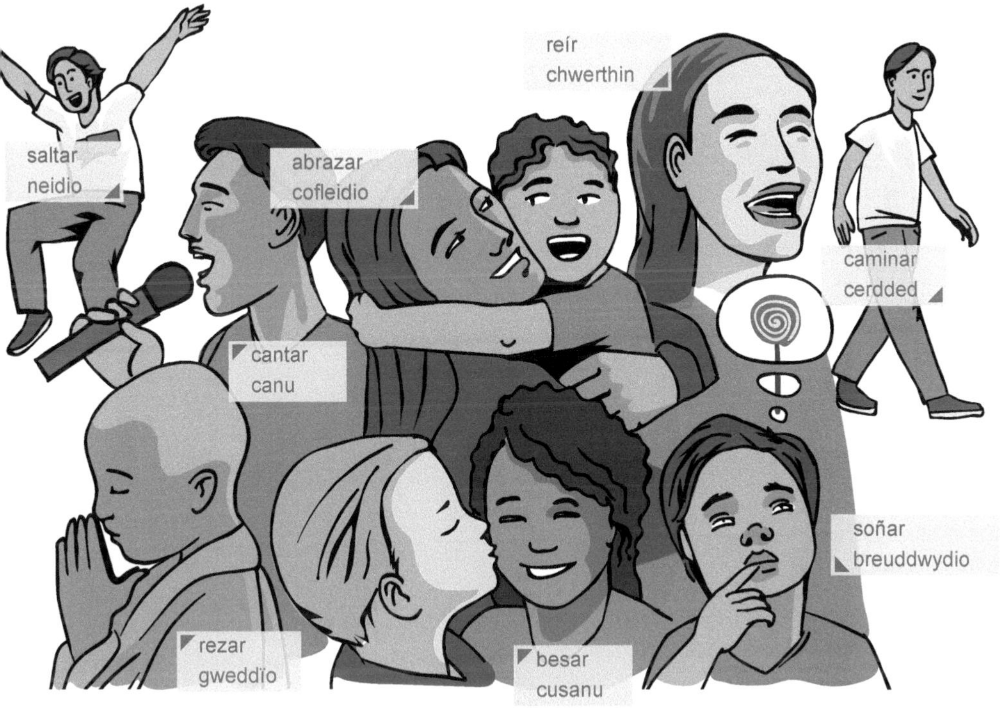

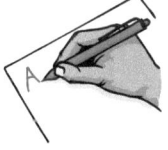

escribir

ysgrifennu

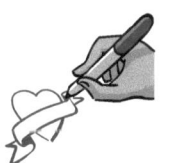

dibujar

tynnu

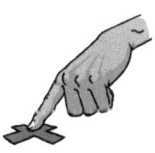

mostrar

dangos

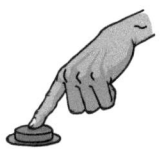

empujar

gwthio

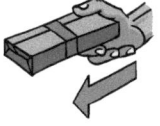

dar

rhoi

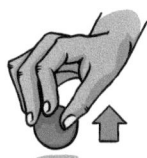

tomar

cymryd

tener

bod gan

hacer

gwneud

ser

bod

estar de pie

sefyll

correr

rhedeg

tirar

tynnu

tirar

taflu

caer

disgyn

yacer

gorwedd

esperar

aros

llevar

cario

estar sentado

eistedd

vestirse

gwisgo amdanoch

dormir

cysgu

despertar

deffro

mirar

edrych ar

llorar

crïo

acariciar

anwesu

peinar

cribo

hablar

siarad

entender

deall

preguntar

gofyn

escuchar

gwrando

beber

yfed

comer

bwyta

ordenar

tacluso

amar

caru

cocinar

coginio

conducir

gyrru

volar

hedfan

navegar

hwylio

calcular

cyfrifo

leer

darllen

aprender

dysgu

trabajar

gweithio

casarse

priodi

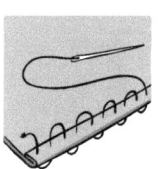

coser

gwnïo

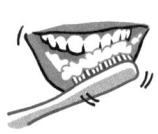

cepillarse los dientes

brwsio dannedd

matar

lladd

fumar

ysmygu

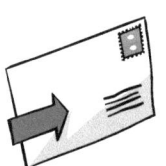

enviar

anfon

la abuela
nain

el abuelo
taid

la madre
mam

el padre
tad

el bebé
baban

la hija
merch

el hijo
mab

el invitado

gwestai

la tía

modryb

el tío

ewythr

el hermano

brawd

la hermana

chwaer

el cuerpo

corff

la frente
talcen
el ojo
llygad
el hombro
ysgwydd
el dedo
bys
la cara
wyneb
la barbilla
gên
la mano
llaw
la pierna
coes
el pecho
bron
el brazo
braich

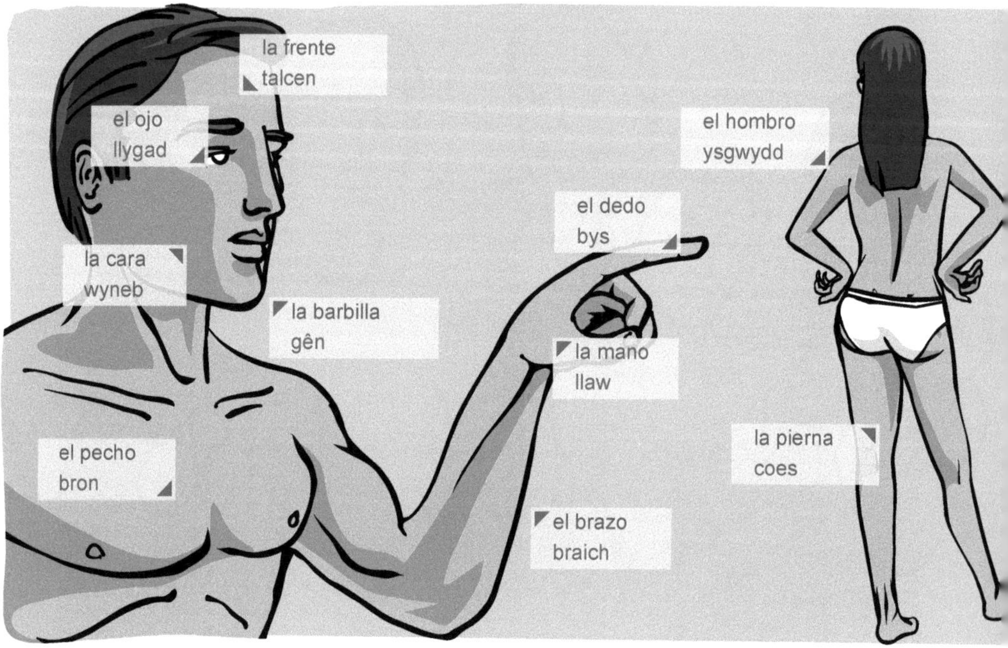

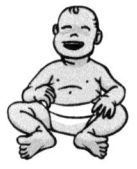

el bebé

baban

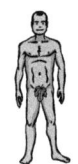

el hombre

dyn

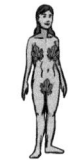

la mujer

gwraig

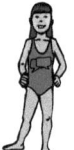

la chica

geneth

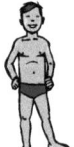

el chico

bachgen

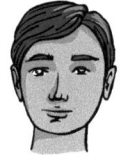

la cabeza

pen

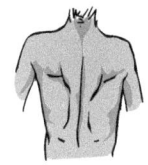

la espalda

cefn

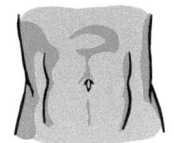

el vientre

bel

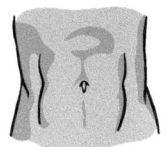

el ombligo

bogail

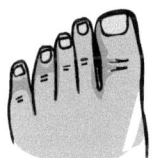

el dedo del pie

bys troed

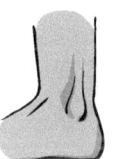

el talón

sawdl

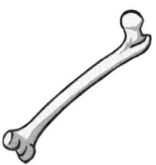

el hueso

asgwrn

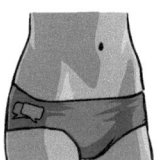

la cadera

clun

la rodilla

pen-glin

el codo

penelin

la nariz

trwyn

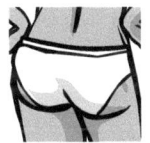

el trasero

pen ôl

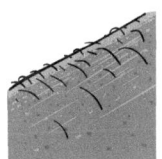

la piel

croen

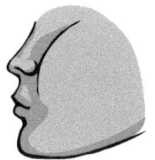

la mejilla

boch

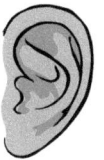

el oído

clust

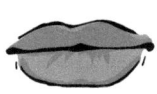

el labio

gwefus

la boca

ceg

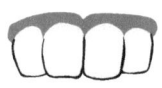

el diente

dant

la lengua

tafod

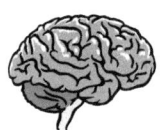

el cerebro

ymennydd

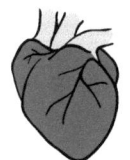

el corazón

calon

el músculo

cyhyr

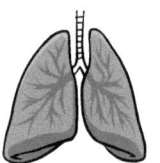

el pulmón

ysgyfaint

el hígado

iau

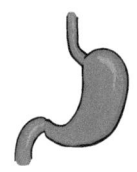

el estómago

stumog

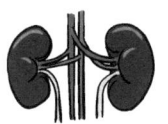

los riñones

arennau

el sexo

rhyw

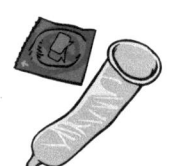

el condón

condom

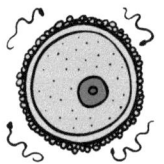

el ovario

ofwm

el semen

semen

el embarazo

beichiogrwydd

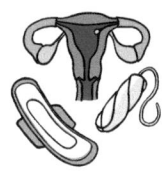

la menstruación
mislif

la vagina
fagina

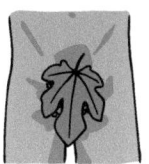

el pene
pidyn

la ceja
ael

el pelo
gwallt

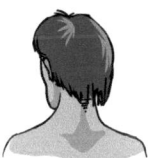

el cuello
gwddf

el hospital
ysbyty

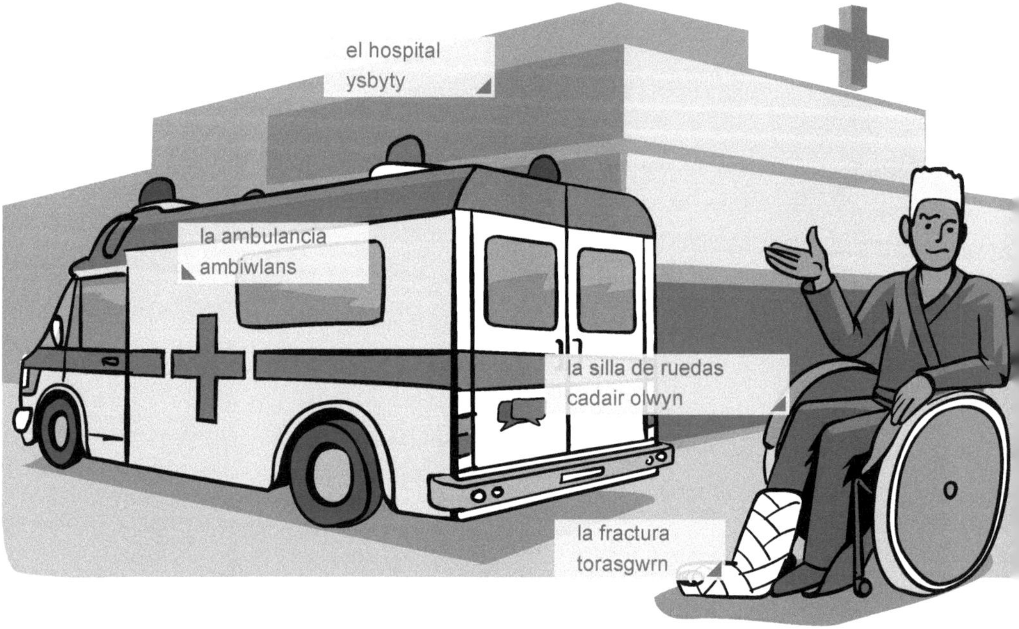

el hospital
ysbyty
la ambulancia
ambiwlans
la silla de ruedas
cadair olwyn
la fractura
torasgwrn

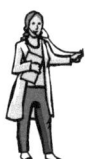

el médico
meddyg

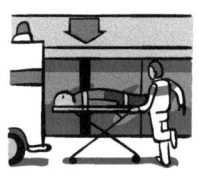

la sala de urgencias
ystafell argyfwng

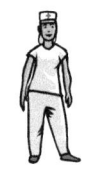

la enfermera
nyrs

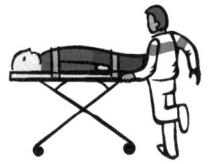

la urgencia
argyfwng

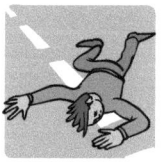

inconsciente
anymwybodol

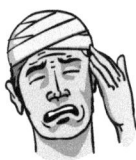

el dolor
poen

la lesión

anaf

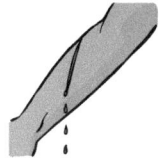

la hemorragia

gwaedu

el infarto

trawiad ar y galon

el ictus

strôc

la alergia

alergedd

la tos

peswch

la fiebre

twymyn

la gripe

ffliw

la diarrea

dolur rhydd

el dolor de cabeza

cur pen

el cáncer

canser

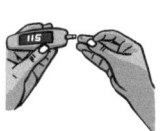

la diabetes

diabetes

el cirujano

llawfeddyg

el bisturí

fflaim

la operación

gweithrediad

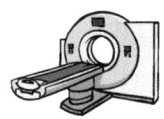

TAC

CT

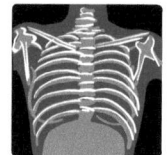

los rayos x

pelydr-x

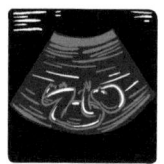

el ultrasonido

uwchsain

la mascarilla

mwgwd wyneb

la enfermedad

clefyd

la sala de espera

ystafell aros

la muleta

bagl

la tirita

plastr

la venda

rhwymyn

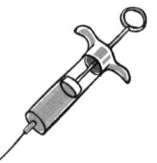

la inyección

pigiad

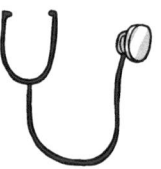

el estetoscopio

stethosgop

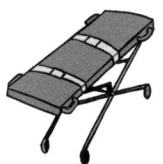

la camilla

elorwely

el termómetro

thermomedr clinigol

el nacimiento

genedigaeth

el sobrepeso

dros bwysau

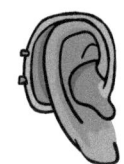

el audífono

cymorth clyw

el desinfectante

diheintydd

la infección

haint

el virus

firws

VIH / SIDA

HIV / AIDS

la medicina

meddygaeth

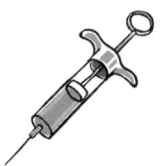

la vacunación

brechiad

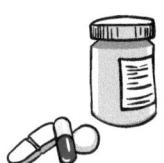

las tabletas

tabledi

la pastilla

y bilsen

la llamada de urgencia

galwad frys

el tensiómetro

monitor pwysau gwaed

enfermo / sano

yn sâl / yn iach

el hospital - ysbyty

¡Socorro!

Help!

la alarma

larwm

el asalto

ymosodiad

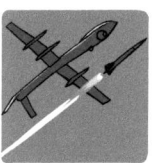

el ataque

ymosodiad

el peligro

perygl

la salida de emergencia

allanfa argyfwng

¡Fuego!

Tân!

el extintor de incendios

diffoddwr tân

el accidente

damwain

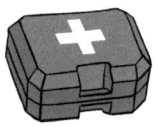

el botiquín de primeros
auxilios

pecyn cymorth cyntaf

SOS

SOS

la policía

heddlu

Europa

Ewrop

Norteamérica

Gogledd America

Sudamérica

De America

África

Affrica

Asia

Asia

Australia

Awstralia

el atlántico

Iwerydd

el Pacífico

y Môr Tawel

el Océano Índico

Cefnfor yr India

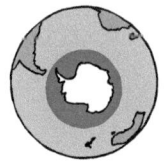

el Océano Antártico

Cefnfor yr Antarctig

el Océano Ártico

Cefnfor yr Arctig

el polo norte

Pegwn y Gogledd

el polo sur

Pegwn y De

La Antártida

Antarctica

la tierra

y Ddaear

la tierra

tir

el mar

môr

la isla

ynys

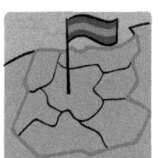

la nación

cenedl

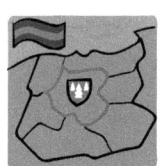

el estado

gwladwriaeth

la esfera

wyneb cloc

la manecilla de las horas

bys awr

el minutero

bys munud

el segundero

bys eiliad

¿Qué hora es?

Faint o'r gloch yw hi?

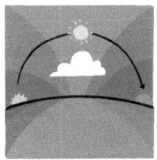

el día

dydd

el tiempo

amser

ahora

yn awr

el reloj digital

cloc digidol

el minuto

munud

la hora

awr

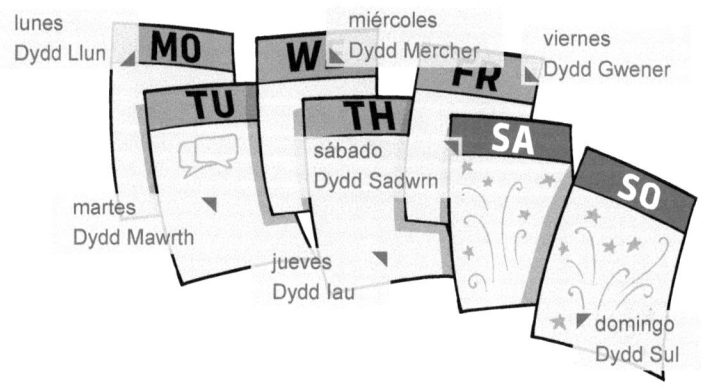

lunes
Dydd Llun

miércoles
Dydd Mercher

viernes
Dydd Gwener

martes
Dydd Mawrth

sábado
Dydd Sadwrn

jueves
Dydd Iau

domingo
Dydd Sul

ayer

ddoe

hoy

heddiw

mañana

yfory

la mañana

bore

el mediodía

canol dydd

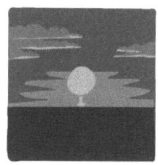

la tarde

noswaith

MO	TU	WE	TH	FR	SA	SU
1	2	3	4	5	6	7
8	9	10	11	12	13	14
15	16	17	18	19	20	21
22	23	24	25	26	27	28
29	30	31	1	2	3	4

los días laborables

diwrnodiau busnes

MO	TU	WE	TH	FR	SA	SU
1	2	3	4	5	6	7
8	9	10	11	12	13	14
15	16	17	18	19	20	21
22	23	24	25	26	27	28
29	30	31	1	2	3	4

el fin de semana

penwythnos

el año

blwyddyn

el arcoíris
enfys
la lluvia
glaw
la nieve
eira
el viento
gwynt
la primavera
gwanwyn
el otoño
hydref
el verano
haf
el invierno
gaeaf

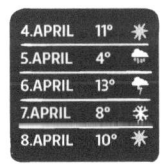

4.APRIL 11°
5.APRIL 4°
6.APRIL 13°
7.APRIL 8°
8.APRIL 10°

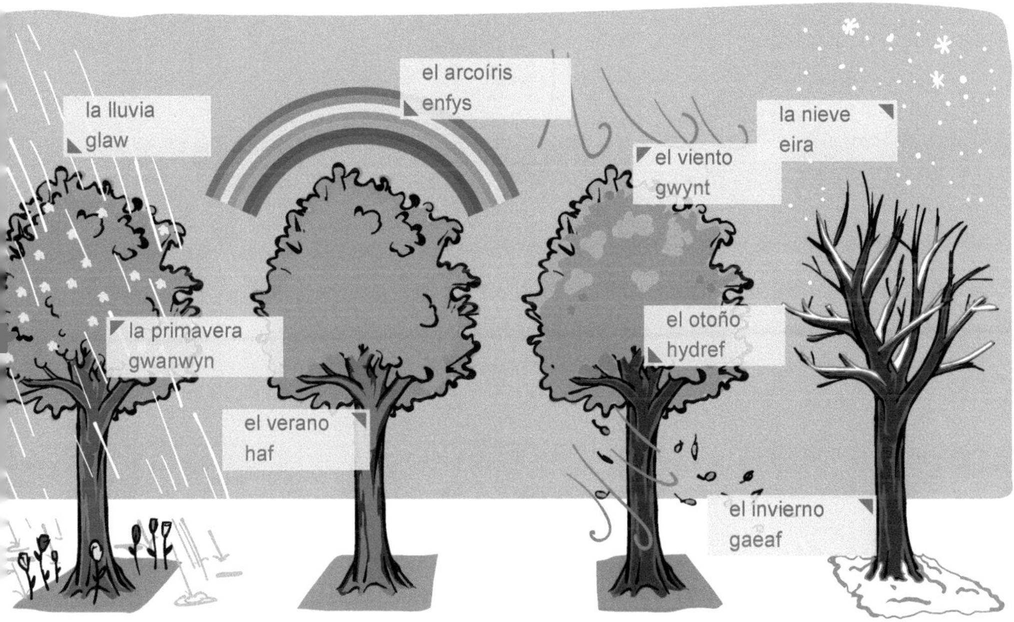

el pronóstico del tiempo

rhagolygon y tywydd

F C
120 90 60 30 0 -30
40 30 20 10 0 -10

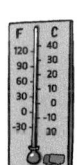

el termómetro

thermomedr

el sol

heulwen

la nube

cwmwl

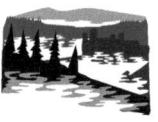

la niebla

niwl tew

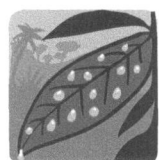

la humedad

lleithder

el rayo

mellt

el trueno

taranau

la tormenta

storm

el granizo

cenllysg

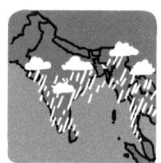

el monzón

monswn

la inundación

llif

el hielo

iâ

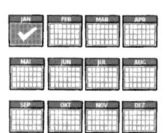

enero

Ionawr

febrero

Chwefror

marzo

Mawrth

abril

Ebrill

mayo

Mai

junio

Mehefin

julio

Gorffennaf

agosto

Awst

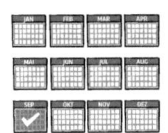

septiembre
....
Medi

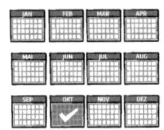

octubre
....
Hydref

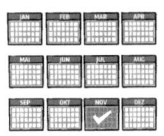

noviembre
....
Tachwedd

diciembre
....
Rhagfyr

el círculo
....
cylch

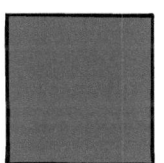

el cuadrado
....
sgwâr

el rectángulo
....
petryal

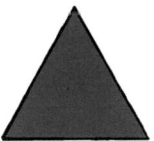

el triángulo
....
triongl

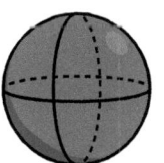

la esfera
....
sffêr

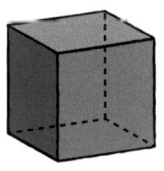

el cubo
....
ciwb

colores
lliwiau

blanco

gwyn

amarillo

melyn

anaranjado

oren

rosa

pinc

rojo

coch

morado

porffor

azul

glas

verde

gwyrdd

marrón

brown

gris

llwyd

negro

du

mucho / poco

llawer / ychydig

enojado / tranquilo

dig / tawel

bonito / feo

hardd / hyll

principio / fin

dechrau / diwedd

grande / pequeño

mawr / bach

claro / oscuro

llachar / tywyll

el hermano / la hermana

brawd / chwaer

limpio / sucio

glân / budr

completo / incompleto

gyflawn / anghyflawn

el día / la noche

dydd / nos

muerto / vivo

farw / yn fyw

ancho / estrecho

eang / cul

comestible / no comestible

bwytadwy / anfwytadwy

malo / amable

drwg / caredig

entusiasmado / aburrido

llawn cyffro / diflasu

gordo / delgado

tew / tenau

primero / último

cyntaf / olaf

el amigo / el enemigo

cyfaill / gelyn

lleno / vacío

llawn / gwag

duro / blando

caled / meddal

pesado / ligero

trwm / ysgafn

el hambre / la sed

wedi newynnu / yn sychedig

enfermo / sano

yn sâl / yn iach

ilegal / legal

anghyfreithlon / cyfreithiol

inteligente / tonto

deallus / twp

izquierda / derecha

chwith / dde

cerca / lejos

agos / pell

nuevo / usado

wydd / wedi'i ddefnyddio

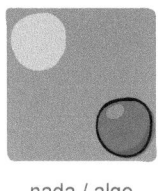

nada / algo

dim / rhywbeth

viejo / joven

hen / ifanc

encendido / apagado

ymlaen / i ffwrdd

abierto / cerrado

ar agor / ar gau

silencioso / ruidoso

tawel / uchel

rico / pobre

cyfoethog / tlawd

correcto / incorrecto

cywir / anghywir

áspero / suave

garw / llyfn

triste / contento

trist / hapus

corto / largo

byr / hir

lento / rápido

araf / cyflym

húmedo / seco

gwlyb / sych

cálido / frío

cynnes / claear

guerra / paz

rhyfel / heddwch

0

cero

sero

1

uno

un

2

dos

dau

3

tres

tri

4

cuatro

pedwar

5

cinco

pump

6

seis

chwech

7

siete

saith

8

ocho

wyth

9

nueve

naw

10

diez

deg

11

once

un deg un

12

doce

un deg dau

13

trece

un deg tri

14

catorce

un deg pedwar

15

quince

un deg pump

16

dieciséis

un deg chwech

17

diecisiete

un deg saith

18

dieciocho

un deg wyth

19

diecinueve

un deg naw

20

veinte

dau ddeg

100

cien

cant

1.000

mil

mil

1.000.000

el millón

miliwn

el inglés

Saesneg

el inglés americano

Saesneg America

el chino madarín

Tsieinëeg Mandarin

el hindi

Hindi

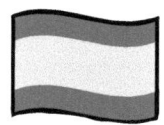

el español

Sbaeneg

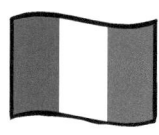

el francés

Ffrangeg

el árabe

Arabeg

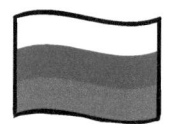

el ruso

Rwseg

el portugués

Portiwgaleg

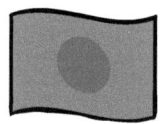

el bengalí

Bengali

el alemán

Almaeneg

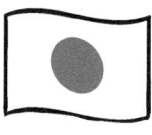

el japonés

Siapanaeg

yo

fi

tú

ti

él / ella / ello

ef / hi

nosotros/as

ni

vosotros/as

chi

ellos/as

nhw

¿quién?

pwy?

¿qué?

beth?

¿cómo?

sut?

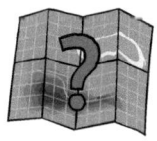

¿dónde?

ble?

¿cuándo?

pryd?

el nombre

enw

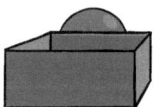

detrás

y tu ôl i

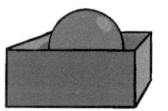

en

yn / yng / ym / mewn

delante de

o flaen

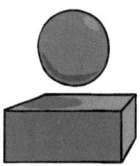

por encima de

dros

sobre

ar

debajo de

dan

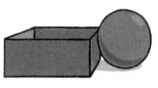

junto a

wrth ochr

entre

rhwng

el lugar

lle